AF382154

Inhaltsverzeichnis

Tiersafari

Wie viele Tiere siehst du? ▭

Wie viele Beine siehst du? ▭

Wie viele Ohren siehst du? ▭

Punkte Mischmasch

Zähle die Punkte.

Ergänze die fehlenden Punkte.

9

4

7

Streiche überflüssige Punkte.

6

3

5

Pinwand

Wie viele Bilder siehst du?

Wie viele davon zeigen Tiere?

Wie viele davon zeigen Natur?

Wirrwar

Wie viele Käfer siehst du?

Wie viele Vögel siehst du?

Wie viele Spinnen siehst du?

Wie viele Früchte siehst du?

Zahlenspaß

Verfollständige die Zahlenreihe.

1 – □ – 3 – □ – □ – 6 – 7 – □ – 9 – 10

□ – □ – 5 – 6 – □ – 8 – □ – □

0 – □ – □ – 3 – □ – 5 – 6 – □ – 8 – □

10 – □ – 8 – □ – □ – □ – 4 – □ – □ – 1

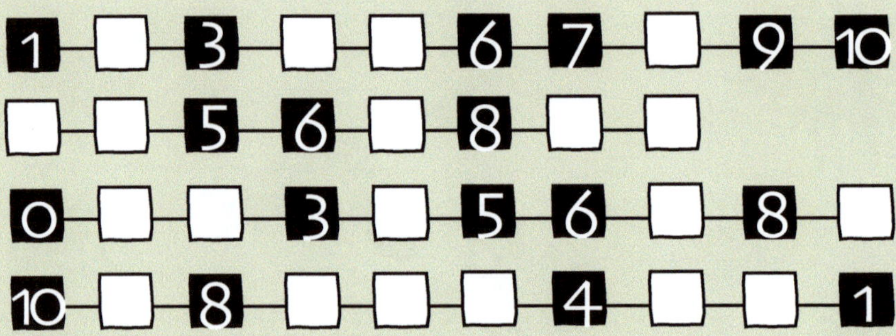

Wie heißt die Nachbarzahlen?

V		N	V		N
4	5	6	□	3	□
□	4	□	□	8	□
□	1	□	□	2	□
□	7	□	□	10	□
□	9	□	□	6	□

N=Nachfolger
V=Vorgänger

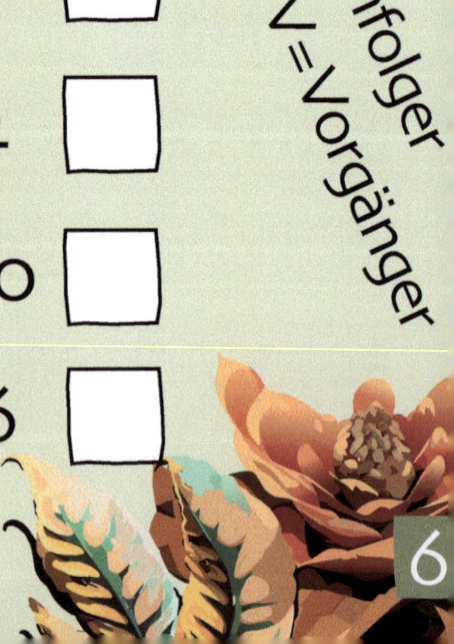

Zahlenkrokodil

Größer oder Kleiner?

4	☐	2	5	☐	7	4	☐	3
8	☐	9	2	☐	4	1	☐	6
1	☐	4	8	☐	6	2	☐	5
7	☐	4	10	☐	7	7	☐	3
5	☐	9	5	☐	4	10	☐	1
3	☐	8	0	☐	6	5	☐	0

Stell dir vor, ein Krokodil will stets die größere Zahl fressen. Deshalb öffnet es sein Maul immer in diese Richtung.

3 > 2

Jonglieren mit Zahlen

Schreibe die nächst kleineren / größeren Zahlen in die Kästchen. Achtung: Einige Zahlen sind gleich!

3 < 4 < 5

☐ > 9 > ☐

☐ = 14 = ☐

☐ > 8 > ☐

☐ < 6 < ☐

☐ < 11 < ☐

☐ = 9 = ☐

☐ > 13 > ☐

☐ > 5 > ☐

☐ < 7 < ☐

Schilder

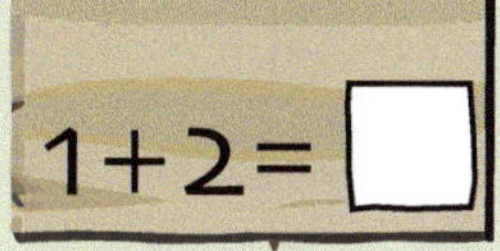

Berechne die Ergebnisse.

1 + 2 = ☐   5 + 3 = ☐   3 + 7 = ☐

9 + 0 = ☐   4 + 6 = ☐   0 + 1 = ☐

8 + 1 = ☐   5 + 2 = ☐   7 + 2 = ☐

3 + 4 = ☐   1 + 7 = ☐   2 + 6 = ☐

3 + 1 = ☐   2 + 2 = ☐   1 + 5 = ☐

Plusrechnen bis 10

Zahlenmauern

Berechne die Ergebnisse.

2	1

3	1

2	3

4	1

2	2

4	2

5	3

5	5

2	1	1

3	1	2

2	3	2

4		
2		3

	10	
	3	2

	8	
5	1	

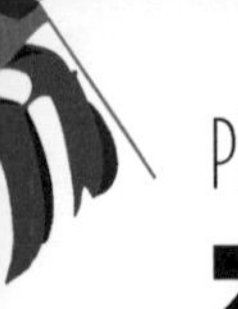

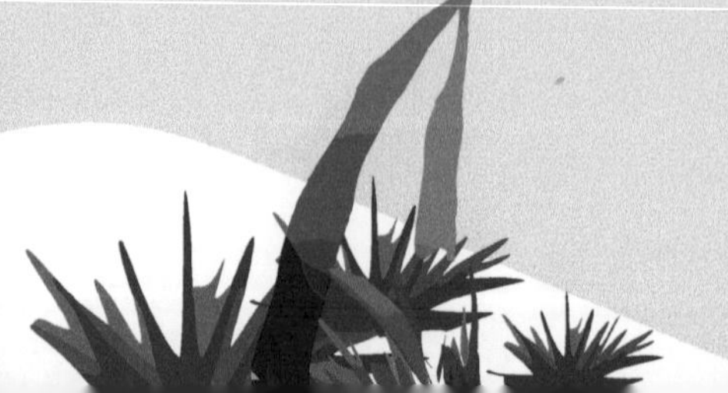

Zahlenturm

1 + 4		3 + ☐		6 + ☐	
☐ + ☐		☐ + ☐		☐ + ☐	
☐ + 4		☐ + 1		☐ + 5	
3 + ☐		2 + ☐		9 + ☐	
☐ + 5		☐ + 6		☐ + 3	
2 + ☐		4 + ☐		1 + ☐	
0 + ☐		5 + ☐		4 + ☐	

Richtig oder flasch gerechnet? Markiere richtige grün und falsch rot.

3 + 1 = 4 🟢

7 + 2 = 6 🔴

4 + 3 = 8 🔴

2 + 3 = 4 ⚪

3 + 6 = 9 ⚪

2 + 6 = 7 ⚪

5 + 4 = 8 ⚪

6 + 3 = 8 ⚪

3 + 5 = 8 ⚪

4 + 2 = 5 ⚪

8 + 2 = 9 ⚪

4 + 5 = 9 ⚪

Zahlennetze

Berechne von innen nach außen.

Zahlenklekse

Berechne und male aus.

5 + 3 = ☐

3 + 3 = ☐

1 + 2 = ☐

2 + 3 = ☐

4 + 6 = ☐

7 + 2 = ☐

1 + 1 = ☐

Rechenbild

Minus Marathon

Berechne die Ergebnisse.

5-3 = ☐		9-2 = ☐
10-1 = ☐		6-3 = ☐
7-2 = ☐		4-4 = ☐
9-7 = ☐		8-0 = ☐
10-5 = ☐		3-1 = ☐
5-1 = ☐		7-4 = ☐
8-4 = ☐		4-1 = ☐
6-2 = ☐		6-0 = ☐
10-4 = ☐		7-6 = ☐
8-2 = ☐		3-2 = ☐

Rechenkette

Rechne entlang der Kette Minus und Streiche die Lösungen

$10 \xrightarrow{-2} \square \xrightarrow{-1} \square \xrightarrow{-3} \square \xrightarrow{-1} \square$

$7 \xrightarrow{-4} \square \xrightarrow{-1} \square \xrightarrow{-1} \square \xrightarrow{-1} \square$

$8 \xrightarrow{-3} \square \xrightarrow{-1} \square \xrightarrow{-2} \square \xrightarrow{-0} \square$

$5 \xrightarrow{-1} \square \xrightarrow{-2} \square \xrightarrow{-0} \square \xrightarrow{-1} \square$

$9 \xrightarrow{-2} \square \xrightarrow{-0} \square \xrightarrow{-4} \square \xrightarrow{-1} \square$

$10 \xrightarrow{-2} \square \xrightarrow{-1} \square \xrightarrow{-6} \square \xrightarrow{-0} \square$

Wortspiel

Welche Aufgaben wurden richtig gerechnet? Markiere grün.

10-8 = 4 ●   9-1 = 8 ○ **e**
9-4 = 5 ● **s**   7-3 = 5 ○
6-1 = 3 ●   3-1 = 1 ○

10-7 = 2 ○   9-4 = 4 ○ **s**
9-7 = 2 ○ **a**   7-3 = 4 ○
9-6 = 2 ○   6-2 = 5 ○

10-1 = 9 ○   4-3 = 2 ○
10-1 = 8 ○ **r**   8-4 = 5 ○ **w**
10-5 = 6 ○   5-4 = 1 ○

Sortiere die Zahlen aufsteigend und trage die zugehörigen Buchstaben ein.

Zahlenfolgen

Verbinde die Zahlen 1 bis 20.

5	6	1	7	2	0	5	7	1	7
8	12	2	3	17	11	9	3	2	1
18	15	12	4	5	6	9	6	9	5
5	17	5	4	6	7	8	9	3	9
1	2	7	14	13	12	11	10	4	3
3	12	9	14	14	15	16	5	4	9
13	4	6	9	19	18	17	10	7	3
19	12	9	11	20	15	16	13	9	4

Nachbarzahlen

Wie heißt die Nachbarzahl?

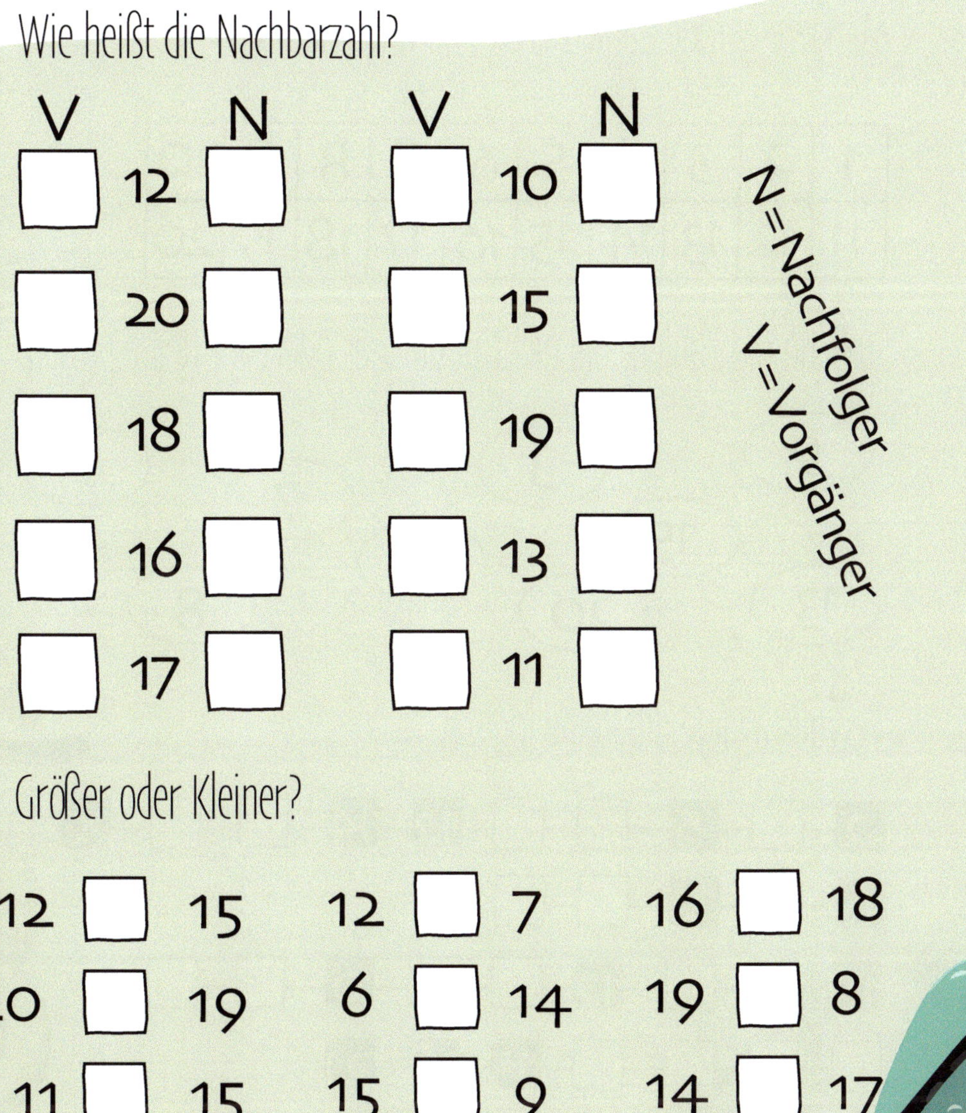

Mathelogik

Markiere gerade Zahlen grün und ungerade gelb.

1	2	3	4	5	6	7	8	9	10
11	12	13	14	15	16	17	18	19	20

Streiche die Zahlen, die nicht in die 2-er oder 3-er Reihe passen.

Vervollständige die Reihe logisch.

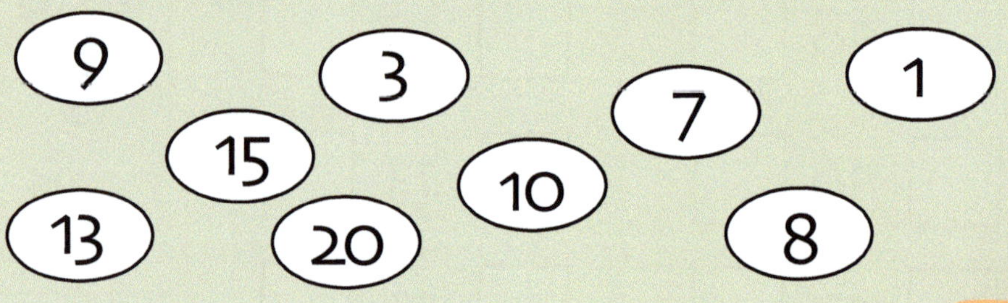

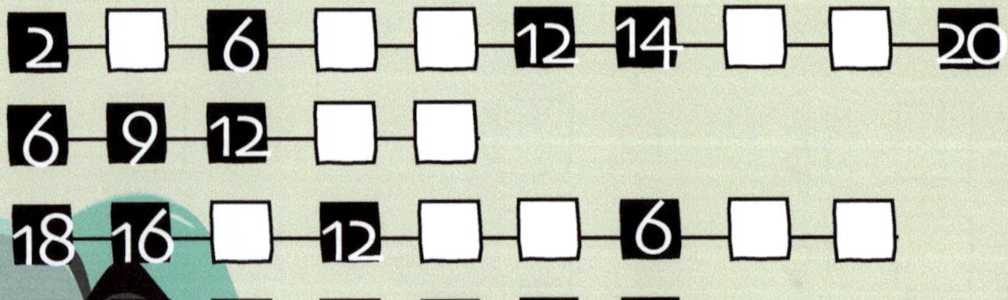

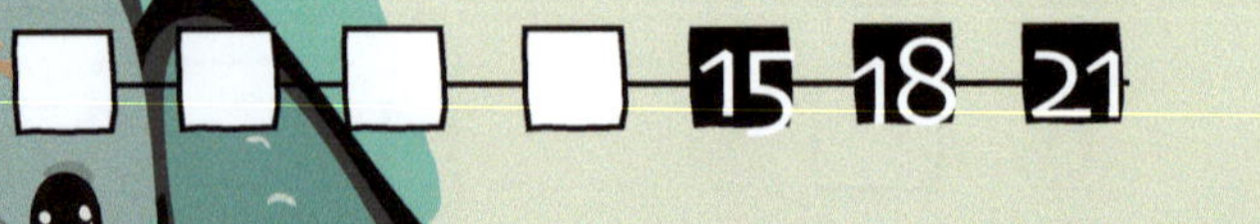

Zehner oder Einer

Verbinde mit den passenden Zahlen und scheibe einer und zehner

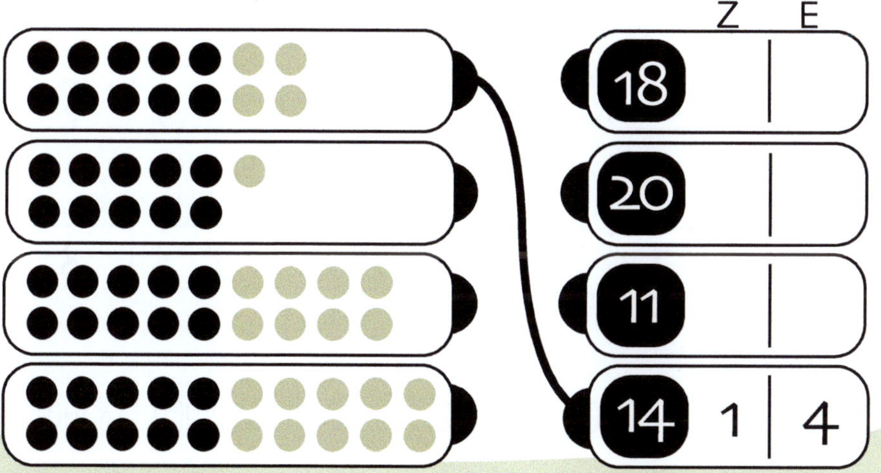

Ordne alle Zahlen größer als 10 und schreibe die Zehner und Einer auf. Verbinde anschließend.

Z	E
1	7

Z	E

Verbinden

Verbinde die Zahlen, die zusammen 20 ergeben.

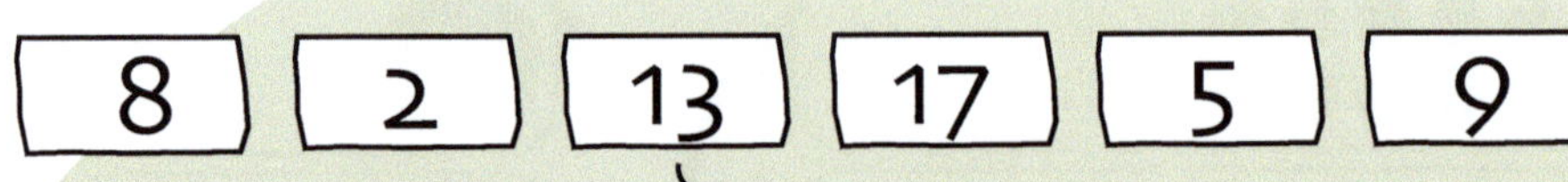

| 8 | 2 | 13 | 17 | 5 | 9 |

| 18 | 11 | 12 | 15 | 7 | 3 |

Berechne die fehlende Zahl und streiche die falschen Lösungen.

5 + ◯ = 17

3 + ◯ = 14

13 + ◯ = 19

11 + ◯ = 20

9 + ◯ = 16

9　12　7　6　8　11　13

Plus Marathon

Rechne plus.

1+10 = ☐	7+13 = ☐
5+12 = ☐	15+2 = ☐
3+15 = ☐	17+1 = ☐
12+1 = ☐	3+16 = ☐
20+0 = ☐	4+10 = ☐
9+10 = ☐	5+12 = ☐
5+12 = ☐	13+1 = ☐
9+2 = ☐	2+18 = ☐
3+14 = ☐	7+10 = ☐
6+0 = ☐	6+13 = ☐
8+4 = ☐	4+7 = ☐
6+12 = ☐	16+2 = ☐

Zahlenmauern

Berechne die Ergebnisse.

Plusquadrant

Berechne die Ergebnisse.

+	5	7	9
5			
3			
1			

+	6	11	3
4			
0			
7			

+	6	7	4
5			
13			
6			

+	10	4	5
4			
9			
2			

+	9	8	1
6			
4			
7			

+	3	4	1
12			
4			
7			

+	10	4	5
4			
9			
2			

+	9	8	1
6			
4			
7			

+	3	4	1
12			
4			
7			

Zahlenstrahl

Rechne Plus und markiere auf dem Zahlenstrahl.

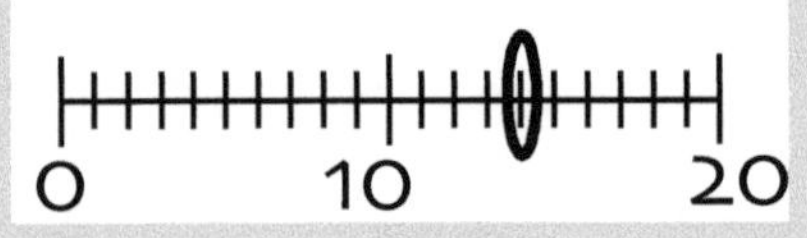

$1+13 = 14$

$12-9 =$ ☐

$19-6 =$ ☐

$10-8 =$ ☐

$15-12 =$ ☐

$17+3 =$ ☐

$12+4 =$ ☐

$8-2 =$ ☐

$15-11 =$ ☐

$18-15 =$ ☐

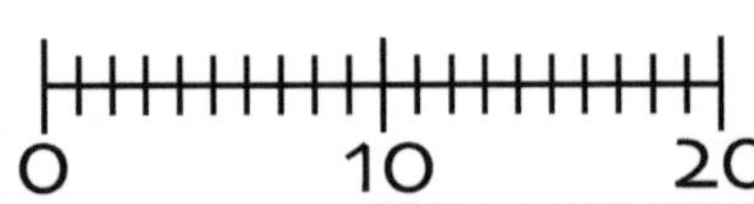

$15-6 =$ ☐

$12+5 =$ ☐

Rechenpartner

Gegenüberliegende Zahlen müssen **15** ergeben

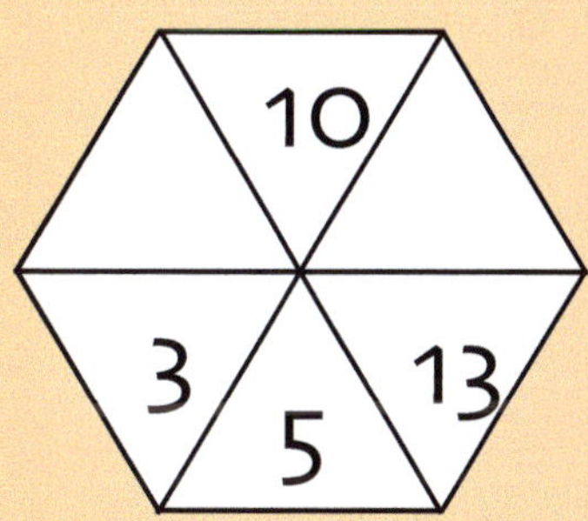

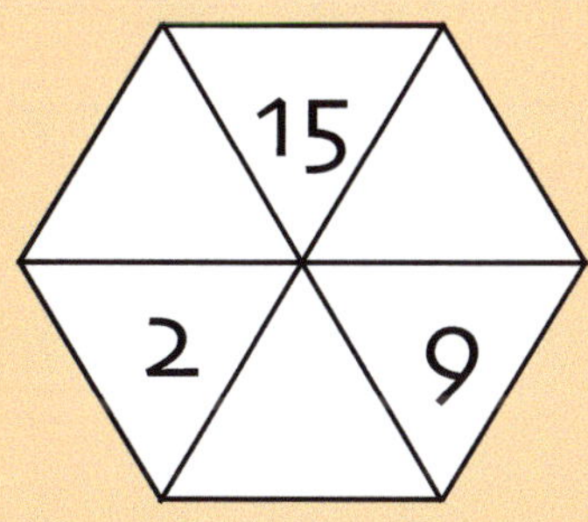

Gegenüberliegende Zahlen müssen **19** ergeben

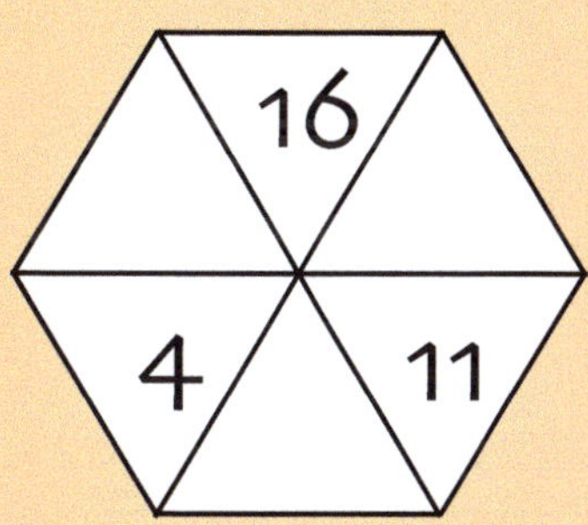

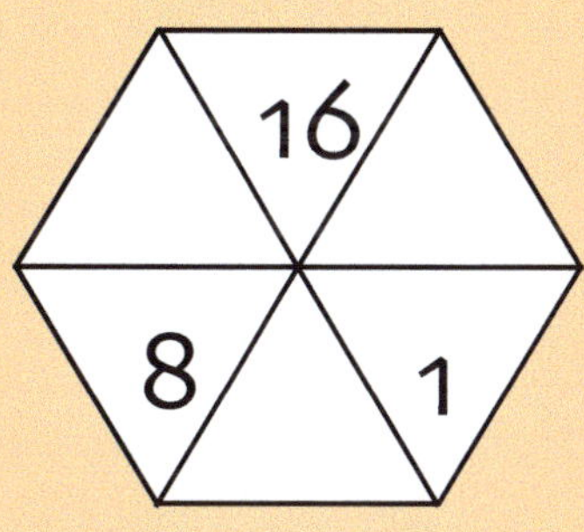

Gegenüberliegende Zahlen müssen **13** ergeben

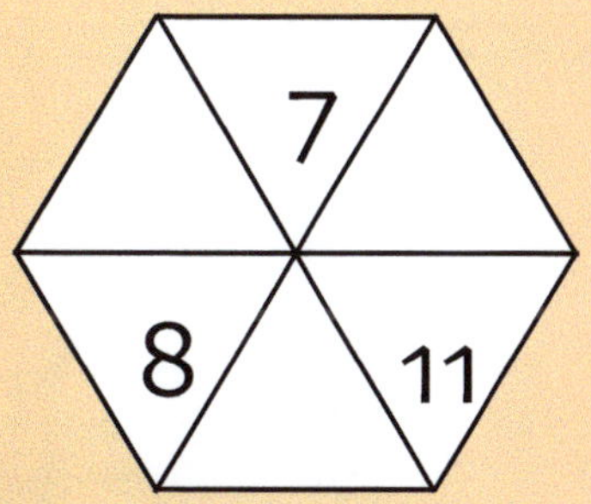

Mathe-Safari

18-6 = [12]

12-3 = ☐

16-4 = ☐

15-6 = ☐

14-8 = ☐

17-11 = ☐

18-13 = ☐

14-12 = ☐

16-9 = ☐

Rechne minus.

Minusquadrant

Rechne minus.

-	2	1	3
9	7	8	6
4			
15			

-	5	2	8
12			
10			
14			

-	9	8	2
9			
10			
11			

-	10	14	12
18			
16			
15			

-	5	4	1
12			
6			
8			

-	13	11	12
17			
20			
14			

-	8	4	7
11			
9			
8			

-	9	10	8
10			
16			
19			

-	7	5	3
13			
7			
12			

Rechnungen bilden

Bilde aus drei Zahlen vier Rechnungen.

Rechenzeichen

Ergänze die Rechenzeichen.

7 ☐ 4 = 11   10 ☐ 9 = 1

8 ☐ 4 = 4   13 ☐ 7 = 20

5 ☐ 8 = 13   18 ☐ 12 = 6

9 ☐ 8 = 17   15 ☐ 11 = 4

8 ☐ 5 = 3   12 ☐ 11 = 1

2 ☐ 4 = 6   15 ☐ 4 = 11

8 ☐ 0 = 8   18 ☐ 6 = 12

4 ☐ 8 = 12   1 ☐ 19 = 20

9 ☐ 6 = 15   14 ☐ 9 = 5

8 ☐ 5 = 3   13 ☐ 0 = 13

Kontrollring

Addiere und subtrahiere entlang der Pfeile.

Zahlen Mischmasch

Addiere und subtrahiere.

$5 + \square = 10$

$\square - 8 = 3$

$13 - 6 = \square$

$8 + \square = 18$

$20 + 0 = \square$

$14 + 3 = \square$

$\square - 5 = 2$

$4 + \square = 13$

$3 + \square = 16$

$11 - 5 = \square$

$14 - \square = 9$

$9 - \square = 2$

$12 + 5 = \square$

$\square - 12 = 2$

$8 + \square = 19$

$1 + \square = 8$

$18 - 9 = \square$

$3 + \square = 15$

$13 - \square = 8$

$19 - 7 = \square$

$\square + 9 = 13$

$\square - 14 = 5$

$13 + 7 = \square$

$\square - 8 = 7$

Mathe-Safari

Mathe-Safari

Start

Rechnen und finden

Rechne aus und finde die Umkehrrechnung.

4+11 = **15**

5+3 = ☐

9+7 = ☐

6+5 = ☐

3+8 = ☐

11+6 = ☐

7+7 = ☐

6+13 = ☐

10+8 = ☐

12+4 = ☐

4	3	3	1	6	7	9	4
8	8	2	6	1	5	4	6
7	5	1	5 − 1	1 = 4			5
9	1	7	6	1	1	8	3
6	9	1	0	9	2	5	0
3	7	6	1	1	5	6	1
2	3	5	2	4	7	2	5
5	1	3	8	5	1	1	6
7	2	0	1	9	1	3	6
1	1	8	3	2	5	7	8
6	4	2	8	3	5	3	2
5	6	6	7	2	0	5	7
3	6	1	6	4	1	2	1
0	7	0	3	1	4	7	7
1	8	8	1	0	2	5	9

Rechnen und finden

Rechne aus und finde die Umkehrrechnung.

5-3 = **2**

10-8 = ☐

15-7 = ☐

19-3 = ☐

11-5 = ☐

9-4 = ☐

17-15 = ☐

16-4 = ☐

8-7 = ☐

20-6 = ☐

4	3	3	1	2	4	1	6
8	8	2	6	1	5	4	9
7	2	8	1	0	1	4	5
9	1	9	6	1	1	8	3
6	5	1	1	9	2	5	0
3	1	6	3	1	9	6	1
2	3	5	2	4	7	2	5
5	1	3	8	5	1	1	6
7	2	8	7	1	5	3	6
1	3	8	3	2	5	7	8
6	2	1	5	1	7	3	2
5	2+3=5		2	0	5	7	
3	6	1	4	6	2	0	1
0	7	0	3	1	4	7	7
1	7	8	1	0	2	5	9

Rechnen und finden

nächste Seite →

Rechne mit Buchstaben.

A = 1	F = 6	K = 11	P = 16
B = 2	G = 7	L = 12	Q = 17
C = 3	H = 8	M = 13	R = 18
D = 4	I = 9	N = 14	S = 19
E = 5	J = 10	O = 15	T = 20

R-G = ☐   K+C = ☐

J+F = ☐   T-R = ☐

E+L = ☐   H+H = ☐

Q-N = ☐   L-K = ☐

S-B = ☐   O-J = ☐

D+O = ☐   P+B = ☐

P-L = ☐   E+F = ☐

Rechnen und finden

Jeder Buchstabe eine Zahl. Sortiere danach aufsteigend.

KLASSE

11	12	1	19	19	5
1	5	11	12	19	19

TAG

MANN

PARK

HALS

PFERD

NOTEN

HAND

Rechnen und finden

Rechne aus und addiere die Ergebnisse.

$9 + 4 =$ ☐
$3 - 2 =$ ☐ $\}+$
$6 - 3 =$ ☐ $+$
◯

$10 - 5 =$ ☐
$4 + 3 =$ ☐ $\}+$
$8 - 6 =$ ☐ $+$
◯

$6 + 4 =$ ☐
$7 - 5 =$ ☐ $+$
$3 + 4 =$ ☐ $+$
◯

$19 - 11 =$ ☐
$4 + 6 =$ ☐ $+$
$1 + 1 =$ ☐ $+$
◯

$5 + 3 =$ ☐
$17 - 11 =$ ☐ $+$
$2 + 3 =$ ☐ $+$
◯

$10 - 5 =$ ☐
$2 + 5 =$ ☐ $+$
$4 + 3 =$ ☐ $+$
◯

Briefmarkentausch

Verbinde die Ergebnisse mit den passenden Briefmarken.

$5+5+5 =$

$6+1+3 =$

$8+2+7 =$

$7+3+4 =$

$9+4+2 =$

$4+6+2 =$

Textaufgaben

Reisekoffer

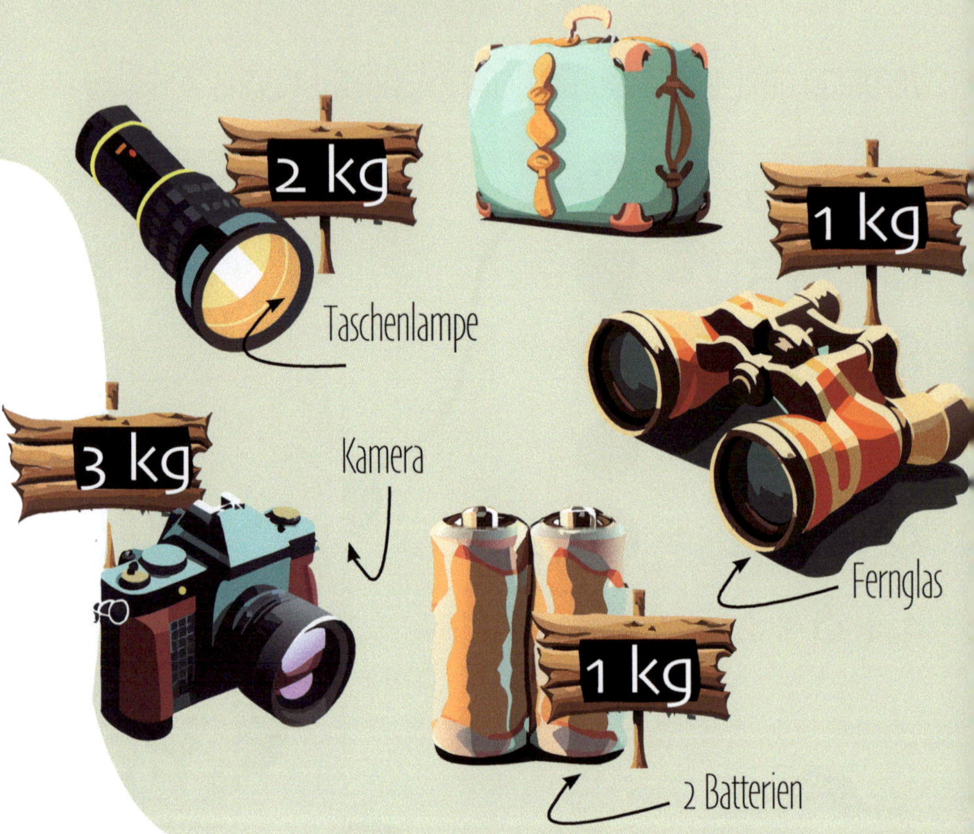
2 kg
Taschenlampe
1 kg
Fernglas
3 kg
Kamera
1 kg
2 Batterien

Berechne.

Du Packst deinen Koffer und nimmst eine Taschenlampe, vier Batterien und eine Kamera mit. Wie schwer ist dein Koffer?

☐ kg

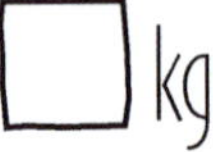

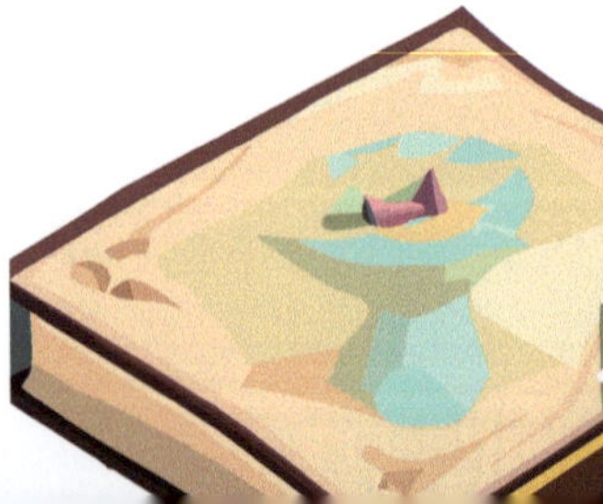

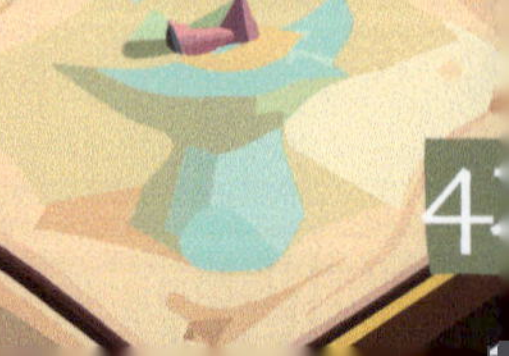

Tiere beobachten

Auf einer Safari siehst du fünf Löwen. Zwei weitere Löwen kommen hinzu. Wie viele Löwen siehst du jetzt?

☐ Löwen

Eine Elefantenherde besteht aus sieben Elefanten. Drei Elefanten verlassen die Herde, um Wasser zu trinken. Wie viele Elefanten bleiben in der Herde?

☐ Elefanten

Du siehst auf einer Safari acht bunte Vögel in einem Baum. Vier weitere Vögel landen auf dem gleichen Baum. Wie viele Vögel sind jetzt im Baum?

☐ Vögel

Tiere beobachten

Eine Gruppe von 10 Affenkindern spielt im Wald. 3 Affenkinder klettern auf Bäume, während die anderen auf dem Boden bleiben. Wie viele Affen sind auf dem

☐ Affenkinder

Der Safari-Führer füttert 15 Tiere. Er gibt 7 Tieren Futter und hat dann noch Futter für wie viele Tiere übrig?

☐ Tiere

In einem Safari-Jeep sitzen 5 Erwachsene und 7 Kinder. Wie viele Personen sind insgesamt im Jeep?

☐ Personen

Tiere beobachten

Auf einer Safari sieht man 6 Elefanten. Danach sieht man 4 weitere Elefanten. Später sieht man 8 Zebras. Wie viele Elefanten sieht man insgesamt? Wie viele

☐ Elefanten

☐ Tiere

Im Fluss sieht man 8 Krokodile. Nach einer Weile kommen 3 weitere Krokodile dazu. Der Safari-Führer füttert 15 Tiere, davon 7 Vögel und den Rest Krokodi-

Wie viele Krokodile sind jetzt im Fluss?
Wie viele Krokodile füttert der Safari-Führer?
Wie viele Tiere sieht man insgesamt (Krokodile im Fluss und gefütterte Tiere)?

☐ Krokodile

☐ Gefütterte Krokodile

☐ Tiere gesamt

Obstalarm

Wie viel Geld fehlt?

Du hast:	Du kaufst:	Kaufpreis	Restgeld
10€			
5€			
10€			
7€			
3€			

Münzen und Scheine

Wie viel Euro siehst du?

Lösungsteil

Seite 2

3 Tiere
6 Beine
4 Ohren

Seite 3

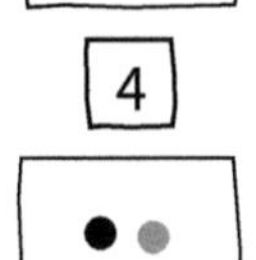

5 Punkte
ergänzen

3 Punkte
ergänzen

4 Punkte
ergänzen

Seite 4

5 Bilder
3 Tierbilder
2 Naturbilder

Seite 5

4 Käfer
5 Vögel
6 Spinnen
8 Früchte

Seite 6

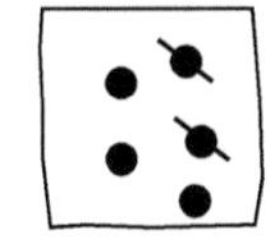
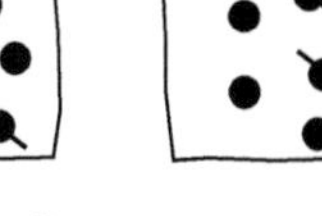

v		n		v		n
4	5	6		2	3	4
3	4	5		7	8	9
0	1	2		1	2	3
6	7	8		9	10	11
8	9	10		5	6	7

Seite 7

$4 > 2$	$5 < 7$	$4 > 3$
$8 < 9$	$2 > 4$	$1 < 6$
$1 < 4$	$8 > 6$	$2 < 5$
$7 > 4$	$10 > 7$	$7 > 3$
$5 < 9$	$5 > 4$	$10 > 1$
$3 < 8$	$0 < 6$	$5 > 0$

Seite 8

$3 < 4 < 5$	$5 < 6 < 7$	$7 > 5 > 3$
$12 > 9 > 7$	$9 < 11 < 12$	$3 < 7 < 9$
$14 = 14 = 14$	$9 = 9 = 9$	
$12 > 8 > 7$	$14 > 13 > 12$	

Seite 9

$1 + 2 = 3$	$5 + 3 = 8$	$3 + 7 = 10$
$9 + 0 = 9$	$4 + 6 = 10$	$0 + 1 = 1$
$8 + 1 = 9$	$5 + 2 = 7$	$7 + 2 = 9$
$3 + 4 = 7$	$1 + 7 = 8$	$2 + 6 = 8$
$3 + 1 = 4$	$2 + 2 = 4$	$1 + 5 = 6$

Seite 10

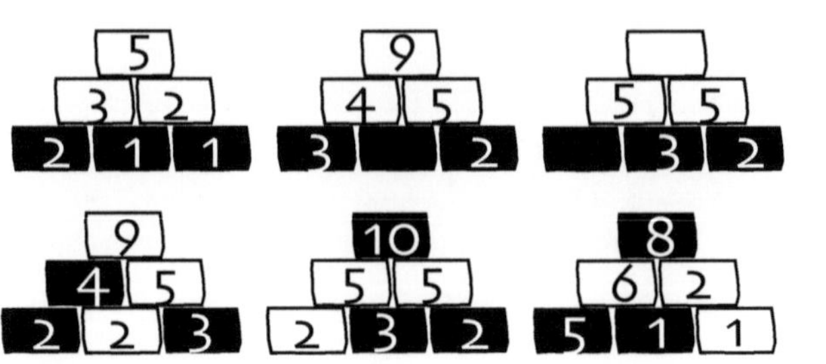

Seite 11

1 + 4	3 + 3	6 + 3	3 + 1 = 4 ✓	5 + 4 = 8 ✗
2 + 3	2 + 4	2 + 7	7 + 2 = 6 ✗	6 + 3 = 8 ✗
1 + 4	5 + 1	4 + 5	4 + 3 = 8 ✗	3 + 5 = 8 ✓
3 + 2	2 + 4	9 + 0		
0 + 5	0 + 6	6 + 3	2 + 3 = 4 ✗	4 + 2 = 5 ✗
2 + 3	4 + 2	1 + 8	3 + 6 = 9 ✓	8 + 2 = 9 ✗
0 + 5	5 + 1	4 + 5	2 + 6 = 7 ✗	4 + 5 = 9 ✓

Seite 12

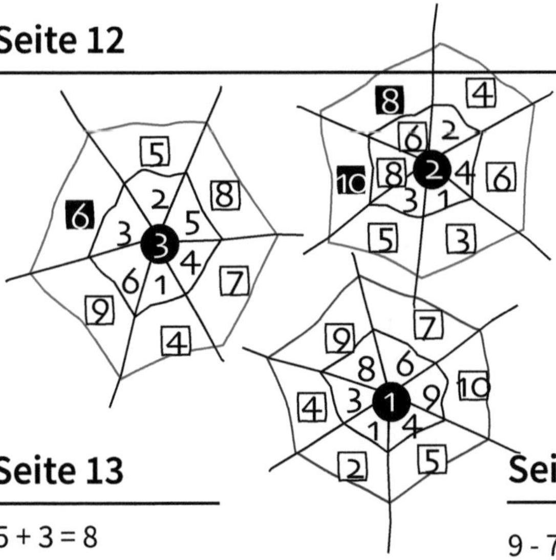

Seite 13

5 + 3 = 8

3 + 3 = 6

1 + 2 = 3

2 + 3 = 5

4 + 6 = 10

7 + 2 = 9

1 + 1 = 2

Seite 14

9 - 7 = 2	9 - 1 = 8
2 - 1 = 1	10 - 2 = 8
6 - 3 = 3	7 - 1 = 6
7 - 5 = 2	8 - 4 = 4
5 - 3 = 2	8 - 6 = 2
8 - 7 = 2	7 - 3 = 4

Seite 15

5 - 3 = 2   9 - 2 = 7
10 - 1 = 9   6 - 3 = 3
7 - 2 = 5   4 - 4 = 0
9 - 7 = 2   8 - 0 = 8
10 - 5 = 5   3 - 1 = 2
5 - 1 = 4   7 - 4 = 3
8 - 4 = 4   4 - 1 = 4
6 - 2 = 4   6 - 0 = 6
10 - 4 = 6   7 - 6 = 1
8 - 2 = 6   3 - 2 = 1

Seite 16

10 −2→ 8 −1→ 7 −3→ 4 −1→ 3

7 −4→ 3 −1→ 2 −1→ 1 −1→ 0

8 −3→ 4 −1→ 3 −2→ 1 −0→ 1

5 −1→ 4 −2→ 2 −0→ 2 −1→ 1

9 −2→ 7 −0→ 7 −4→ 3 −1→ 2

10 −2→ 8 −1→ 7 −6→ 1 −0→ 1

Seite 17

10 - 8 = 4 ✗   9 - 1 = 8 ✓
9 - 4 = 5 ✓   7 - 3 = 5 ✗
6 - 1 = 3 ✗   3 - 1 = 1 ✗

10 - 7 = 2 ✗   9 - 4 = 4 ✗
9 - 7 = 2 ✓   7 - 3 = 4 ✓
9 - 6 = 2 ✗   6 - 2 = 5 ✗

10 - 1 = 9 ✗   4 - 3 = 2 ✗
10 - 1 = 8 ✗   8 - 4 = 5 ✗
10 - 5 = 5 ✓   5 - 4 = 1 ✓

Seite 18

5	6	1	7	2	0	5	7	1	7
8	12	2	3	17	11	9	3	2	1
18	15	12	4	5	6	9	6	9	5
5	17	5	4	6	7	8	9	3	9
1	2	7	14	13	12	11	10	4	3
3	12	9	14	14	15	16	5	4	9
13	4	6	9	19	18	17	10	7	3
19	12	9	11	20	15	16	13	9	4

Seite 19

v	n		v	n
11 12 13			9 10 11	
19 20 21			14 15 16	
17 18 19			18 19 20	
15 16 17			12 13 14	
16 17 18			10 11 12	

12 < 15   12 > 7   16 < 18
20 > 19   6 < 14   19 > 8
11 < 15   15 > 9   14 < 17

Seite 20

grün: 2, 4, 6, 8, 10, 12, 14, 16, 18, 20
gelb: 1, 3, 5, 7, 9, 11, 13, 15, 17, 19

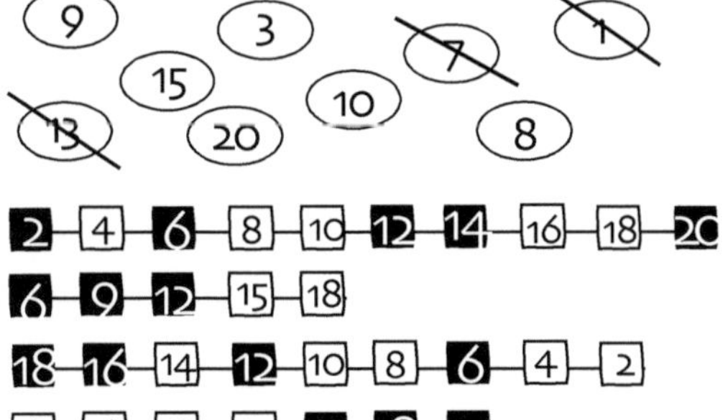

2 – 4 – 6 – 8 – 10 – 12 – 14 – 16 – 18 – 20
6 – 9 – 12 – 15 – 18
18 – 16 – 14 – 12 – 10 – 8 – 6 – 4 – 2
3 – 6 – 9 – 12 – 15 – 18 – 21

Seite 21

Z	E	Z	E
1	7	1	5
1	9	1	4
1	1	1	6
1	3	1	2

Seite 22

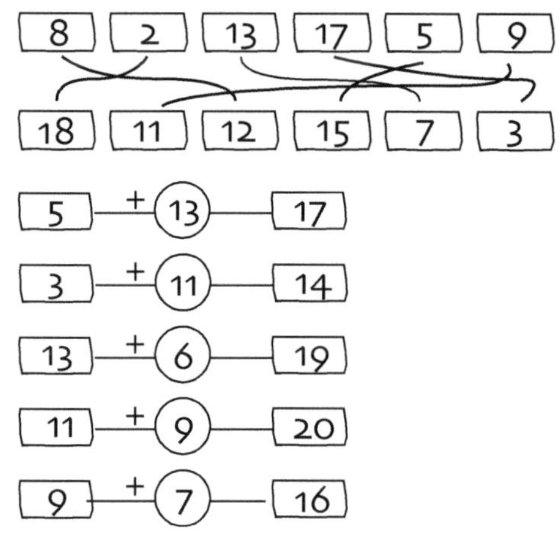

Seite 23

1 + 11 = 11   7 + 13 = 20
5 + 12 = 17   15 + 2 = 17
1 + 15 = 18   17 + 1 = 18
12 + 1 = 13   3 + 16 = 19
20 + 0 = 20   4 + 10 = 14
9 + 10 = 19   5 + 12 = 17
5 + 12 = 17   13 + 1 = 14
9 + 2 = 11   2 + 18 = 20
3 + 14 = 17   7 + 10 = 17
6 + 0 = 6   6 + 13 = 19
8 + 4 = 12   4 + 7 = 11
6 + 12 = 18   16 + 2 = 18

Seite 24

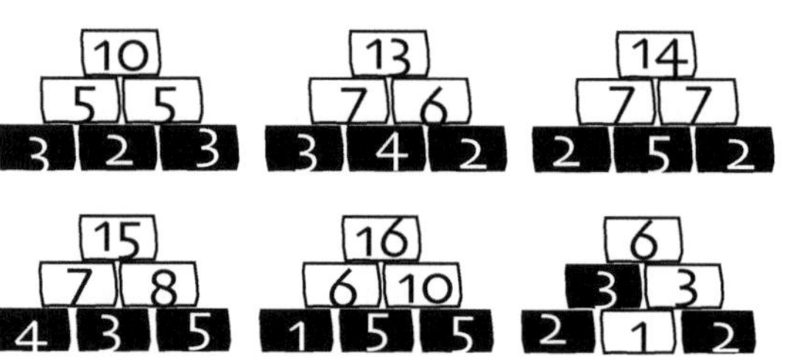

Pyramids (top)

Row 1:
- 16 / 6, 10 / 2, 4, 6
- 18 / 9, 9 / 3, 6, 3
- 15 / 10, 5 / 7, 3, 2

Row 2:
- 16 / 7, 9 / 2, 5, 4
- 20 / 15, 5 / 12, 3, 2
- 19 / 7, 12 / 6, 1, 11

Seite 25

+	5	7	9
5	10	12	14
3	8	10	12
1	6	8	10

+	6	11	3
4	10	15	7
0	6	11	3
7	13	18	10

+	6	7	4
5	11	12	9
13	19	20	17
6	12	13	10

+	10	4	5
4	14	8	9
9	19	13	14
2	12	6	7

+	9	8	1
6	15	14	7
4	13	12	5
7	16	15	8

+	3	4	1
12	15	16	13
4	7	8	5
7	10	11	8

+	10	4	5
4	14	8	9
9	19	13	14
2	12	6	7

+	9	8	1
6	15	14	7
4	13	12	5
7	16	15	8

+	3	4	1
12	15	16	13
4	7	8	5
7	10	11	8

Seite 26

1+13 = 14   19-6 = 13

12-9 = 3   10-8 = 2

15-12 = 3   12+4 = 16

17+3 = 20   8-2 = 6

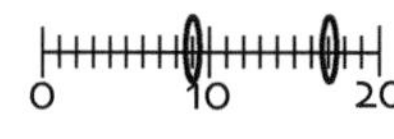
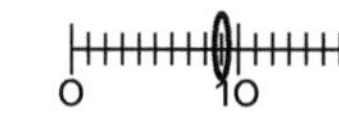

15-11 = 4   15-6 = 9
18-15 = 3   12+5 = 17

Seite 27

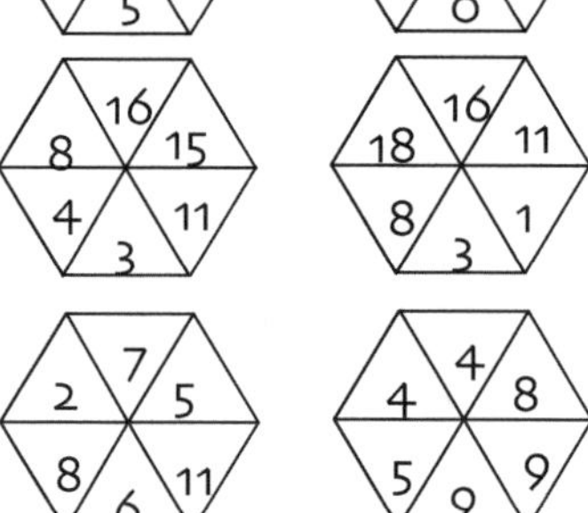
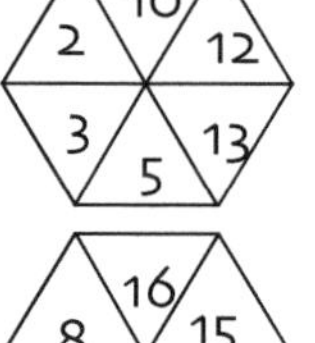
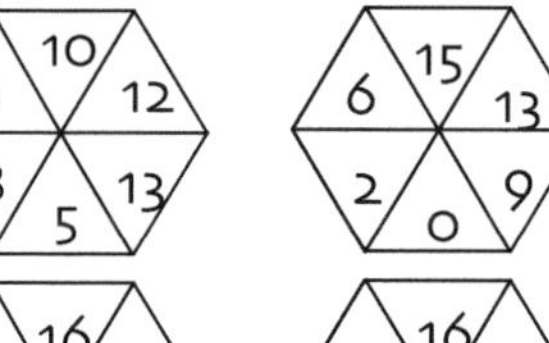

Seite 28

18-6   = 12
12-3   = 9
16-4   = 12
15-6   = 9
14-8   = 6
17-11 = 6
18-13 = 5
14-12 = 2
16-9   = 7

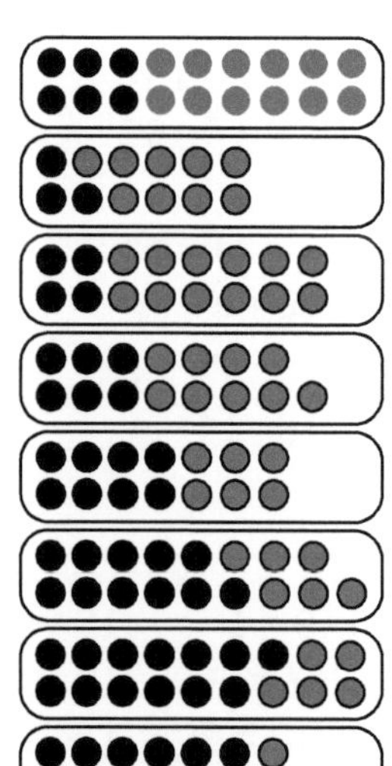

Seite 29

−	2	1	3
9	7	8	6
4	2	3	1
15	13	14	12

−	5	2	8
12	7	10	4
10	5	8	2
14	9	12	6

−	9	8	2
9	0	1	7
10	1	2	8
11	2	3	9

−	10	14	12
18	8	4	6
16	6	2	4
15	5	1	3

−	5	4	1
12	7	8	11
6	1	2	5
8	3	4	7

−	13	11	12
17	4	6	5
20	7	9	8
14	1	3	2

−	8	4	7
11	3	7	4
9	1	5	2
8	0	4	1

−	9	10	8
10	1	0	2
16	7	6	8
19	10	9	11

−	7	5	3
13	6	8	10
7	0	2	4
12	5	7	9

Seite 30

8 - 3 = 5	9 - 7 = 2	15 - 7 = 8
8 - 5 = 3	9 - 2 = 7	15 - 8 = 7
3 + 5 = 8	2 + 7 = 9	8 + 7 = 15
5 + 3 = 8	7 + 2 = 9	7 + 8 = 15

5 + 6 = 11	7 + 3 = 10	4 + 14 = 18
6 + 5 = 11	3 + 7 = 10	14 + 4 = 18
11 - 6 = 5	10 - 7 = 3	18 - 4 = 14
11 - 5 = 6	10 - 3 = 7	18 - 14 = 4

Seite 31

7 + 4 = 11	2 + 4 = 6	10 - 9 = 1	15 - 4 = 11
8 - 4 = 4	8 - 0 = 8	13 + 7 = 20	18 - 6 = 12
5 + 8 = 13	4 + 8 = 12	18 - 12 = 6	1 + 19 = 20
9 + 8 = 17	9 + 6 = 15	15 - 11 = 4	14 - 9 = 5
8 - 5 = 3	8 - 5 = 3	12 - 11 = 1	13 + 0 = 13

Seite 32

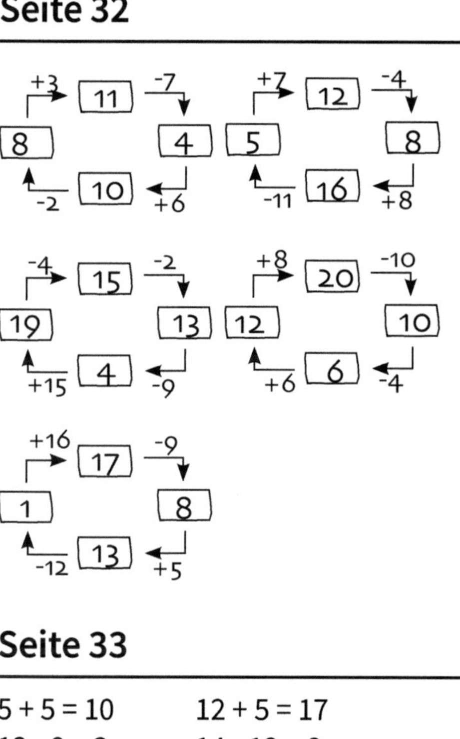

Seite 33

5 + 5 = 10	12 + 5 = 17
12 - 8 = 3	14 - 12 = 2
13 - 6 = 7	8 + 11 = 19
8 + 10 = 18	1 + 7 = 8
20 + 0 = 20	18 - 9 = 9
14 + 3 = 17	3 + 12 = 15
7 - 5 = 2	13 - 5 = 8
4 + 9 = 13	19 - 7 = 12
3 + 13 = 16	4 + 9 = 13
11 - 5 = 6	19 - 14 = 5
14 - 5 = 9	13 + 7 = 20
9 - 7 = 2	15 - 8 = 7

Seite 34

8 - 3 = 5 + 2 = 7 + 3 = 10 - 5 = 5 + 6 = 11 + 3 = 14 - 7 = 7 - 3 = 4 + 10 = 14
+ 4 = 18 - 6 = 12 + 1 = 13 - 8 = 5 + 4 = 9 - 8 = 1 + 11 = 12

5
+
10
=
15 + 1 = 16 - 5 =
-
7 = 8 - 3 = 5 +

+ 4 = 15 - 11
11 =
6 4
+
14 = 10
+ =
4 14

= 8 - 12 = 6 - 18 =
4 -
+ 12
3 = 7 - 1 = 6 - 4 = 2
+
12 = 12 + 0 = 16 - 16 = 14

4+11 = **15**

5+3   = 8

9+7   = 16

6+5   = 11

3+8   = 11

11+6 = 17

7+7   = 14

6+13 = 19

10+8 = 18

12+4 = 16

```
4 3 3 1 6 7 9 4
8 8 2 6 1 5 4 6
7 5 1 5 1 1 4 5
9 1 7 6 1 1 8 3
6 9 1 0 9 2 5 0
3 7 6 1 1 5 6 1
2 3 5 2 4 7 2 5
5 1 3 8 5 1 1 6
7 2 0 1 9 1 3 6
1 1 8 3 2 5 7 8
6 4 2 8 3 5 3 2
5 6 6 7 2 0 5 7
3 6 1 6 4 1 3 1
0 7 0 3 1 4 7 7
1 8 8 1 0 2 5 9
```

Seite 37

5-3 = 2
10-8 = 2
15-7 = 8
19-3 = 16
11-5 = 6
9-4 = 5
17-15 = 2
16-4 = 12
8-7 = 1
20-6 = 14

```
4 3 3 1 2 4 1 6
8 8 2 6 1 5 4 9
7 2 8 1 0 1 4 5
9 1 9 6 1 1 8 3
6 5 1 1 9 2 5 0
3 1 6 3 1 9 6 1
2 3 5 2 4 7 2 5
5 1 3 8 5 1 1 6
7 2 8 7 1 5 3 6
1 3 8 3 2 5 7 8
6 2 1 5 1 7 3 2
5 2 3 5 2 0 5 7
3 6 1 4 6 2 0 1
0 7 0 3 1 4 7 7
1 7 8 1 0 2 5 9
```

Seite 38

R - G = 11
J + F = 16
E + C = 17
Q - N = 3
S - B = 17
D + O = 19
P - L = 4

K + C = 14
T - R = 2
H + H = 16
L - K = 1
O - J = 5
P + B = 18
E + F = 11

Seite 39

KLASSE
11 12 1 19 19 5
1 5 11 12 19 19

TAG
20 1 7
1 7 20

HALS
8 1 12 19
1 8 12 19

PFERD
16 6 5 18 4
4 5 6 16 18

MANN
13 1 14 14
1 13 14 14

PARK
16 1 18 11
1 11 16 18

NOTEN
14 15 20 5 14
5 14 14 15 20

HAND
8 1 14 4
1 4 8 14

Seite 40

$9 + 4 = 13$ $\qquad$ $15 - 5 = 5$
$3 - 2 = 1$ $\qquad$ $4 + 3 = 7$
$6 - 3 = \underline{3}$ $\qquad$ $8 - 6 = \underline{2}$
$\qquad 17$ $\qquad\qquad 14$

$6 + 4 = 10$ $\qquad$ $19 - 11 = 8$
$7 - 5 = 2$ $\qquad$ $4 + 6 = 10$
$3 + 4 = \underline{7}$ $\qquad$ $1 + 1 = \underline{2}$
$\qquad 19$ $\qquad\qquad 20$

$5 + 3 = 8$ $\qquad$ $10 - 5 = 5$
$17 - 11 = 6$ $\qquad$ $2 + 5 = 7$
$2 + 3 = \underline{5}$ $\qquad$ $4 + 3 = \underline{7}$
$\qquad 19$ $\qquad\qquad 19$

Seite 41

$5 + 5 + 5 = 15$
$6 + 1 + 3 = 10$
$8 + 2 + 7 = 17$
$7 + 3 + 4 = 14$
$9 + 4 + 2 = 15$
$4 + 6 + 2 = 12$

Seite 42

$2 + 2 + 3 = 7kg$

Seite 43

$5 + 2 = 7$ Löwen
$7 - 3 = 4$ Elefanten
$8 + 4 = 12$ Vögel

Seite 44

$10 - 3 = 7$ Affenkinder
$15 - 7 = 8$ Futter
$5 + 7 = 12$ Personen

Seite 45

$6 + 4 = 10$ Elefanten
$6 + 4 + 8 = 18$ Tiere

$8 + 3 = 11$ Krokodile
$15 - 7 = 8$ gefütterte Krokodile
$8 + 3 + 7 = 18$ Tiere gesamt

Seite 46

10		7	3
5		4	1
10		5	5
7		5	2
3		2	1

Seite 47

4 €	7 €
7 €	13€
17 €	20€